TEST PATTERN:

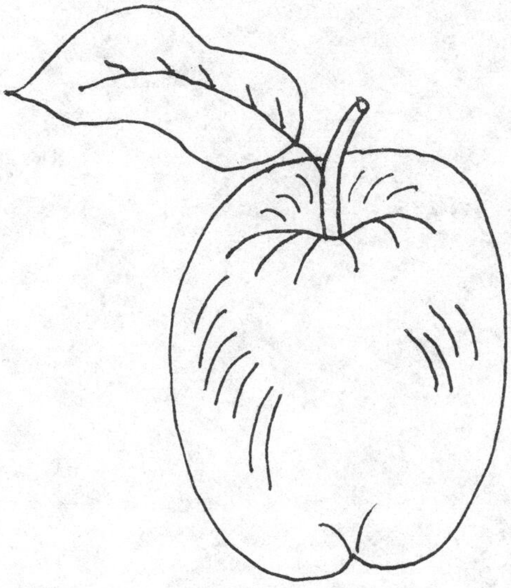

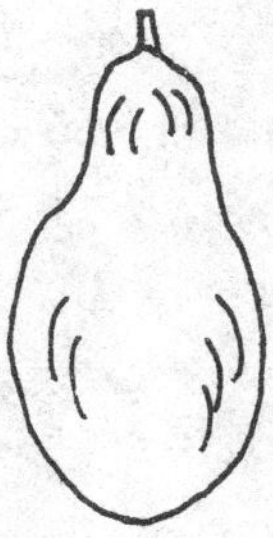

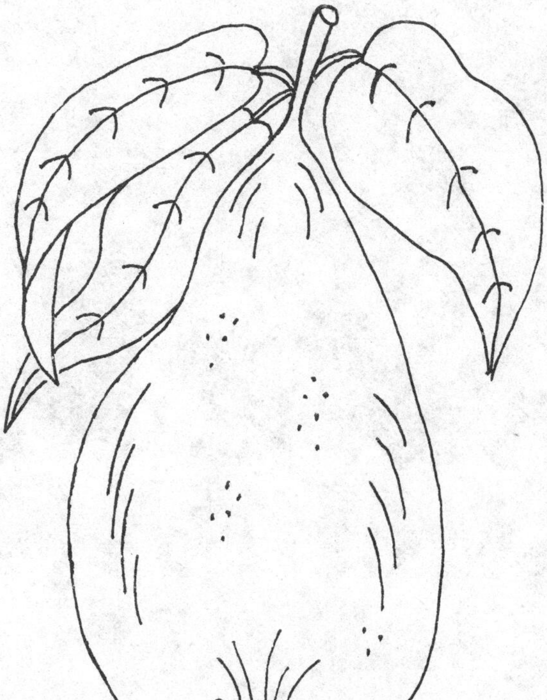

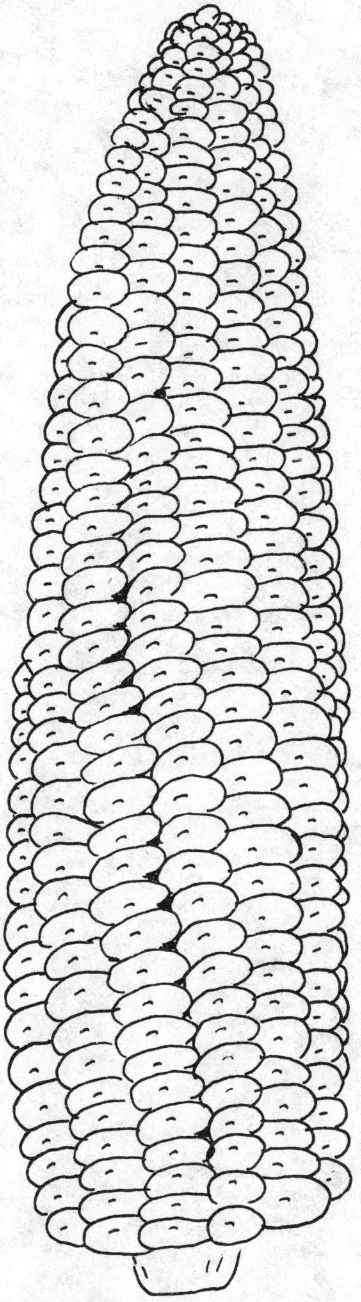

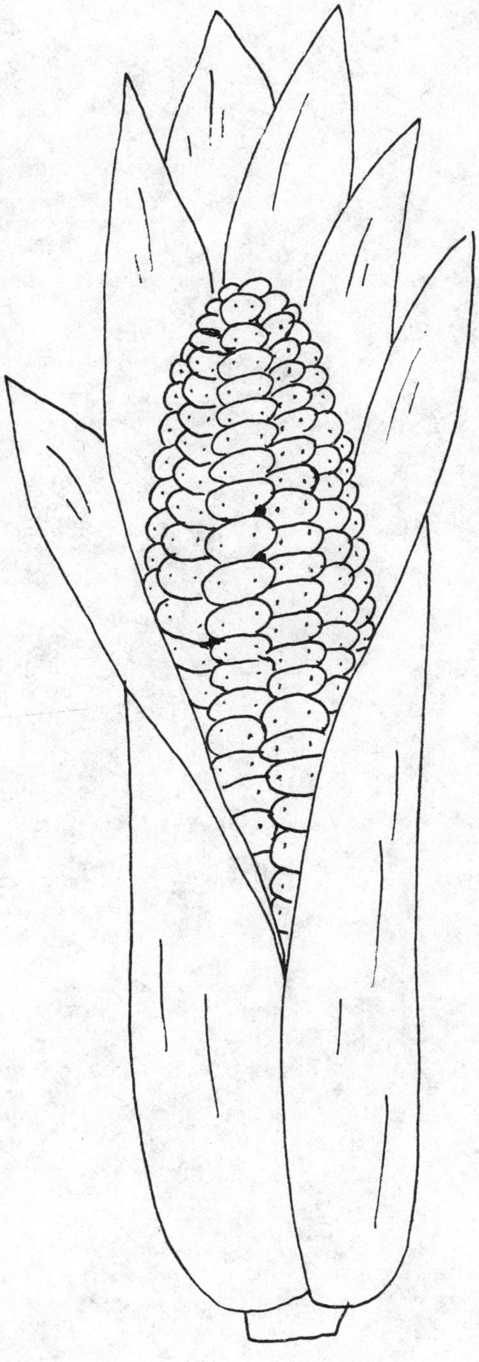

TEST PATTERN:

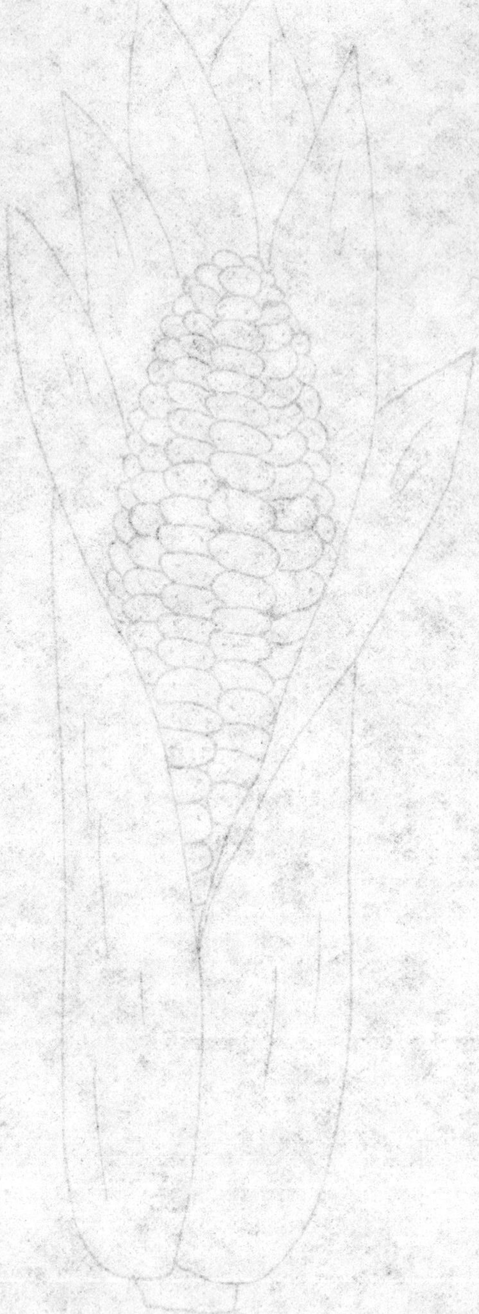

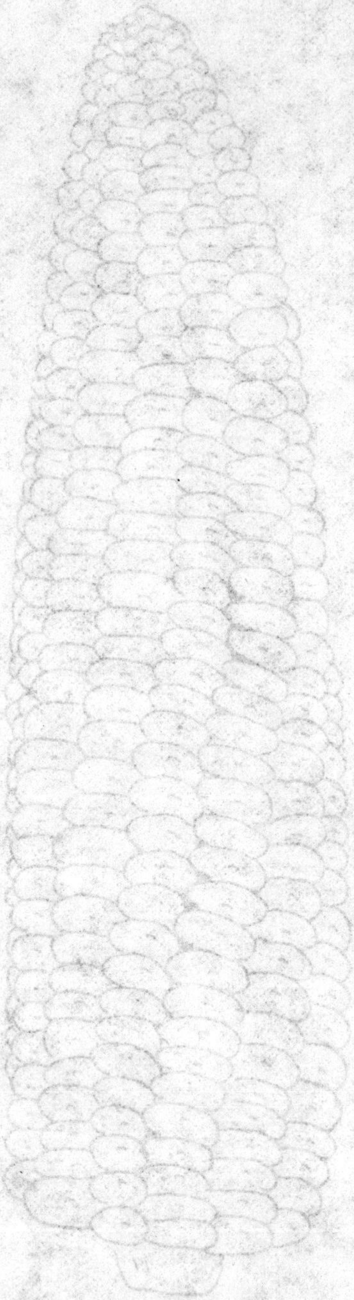

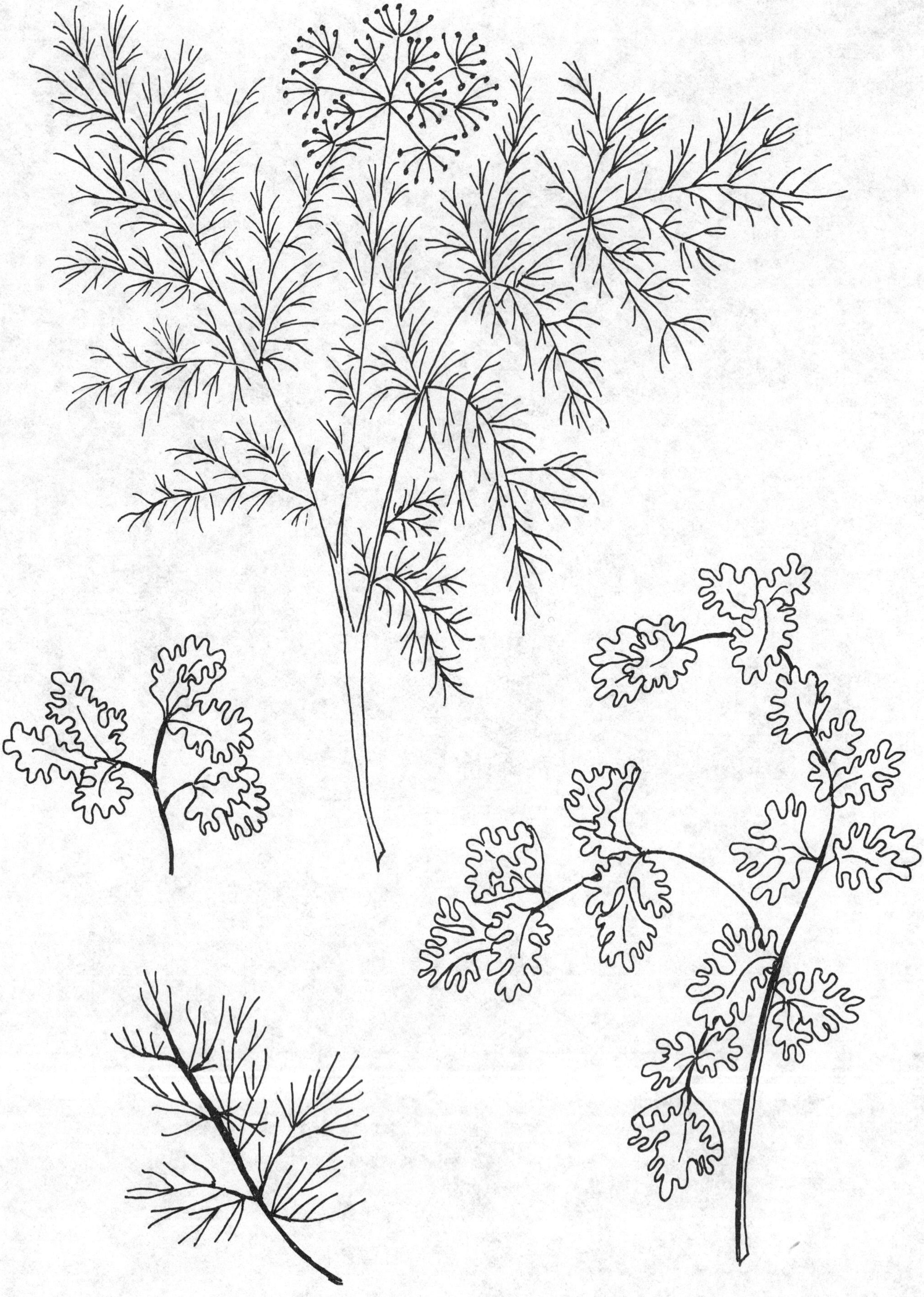

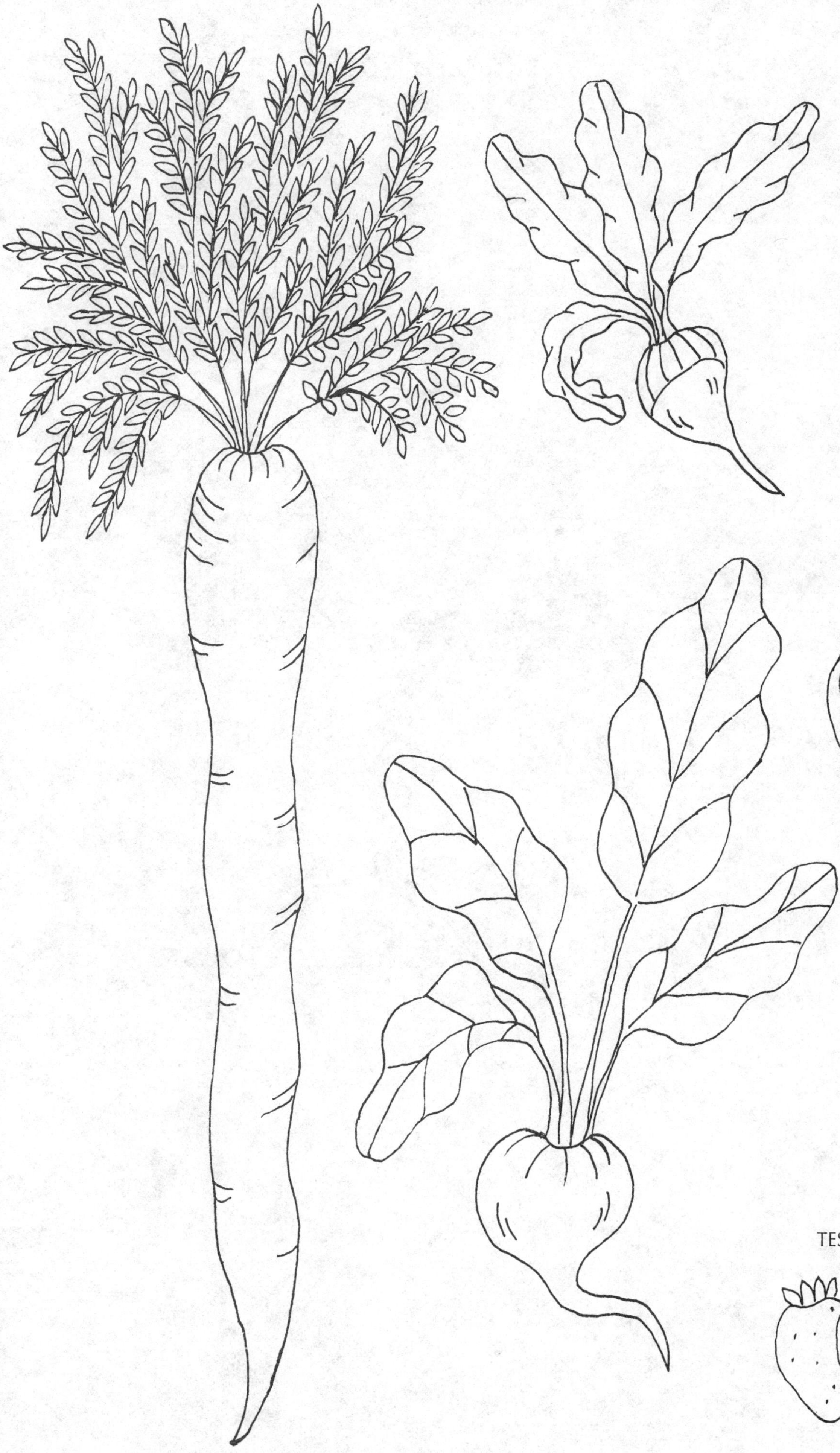

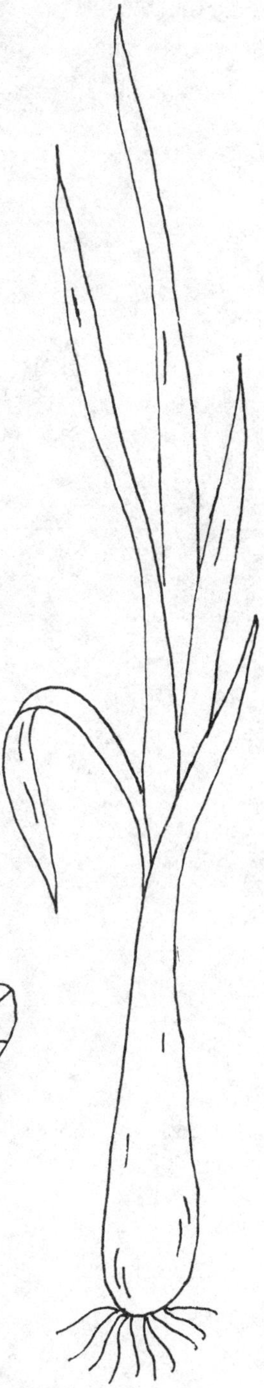

TEST PATTERN:

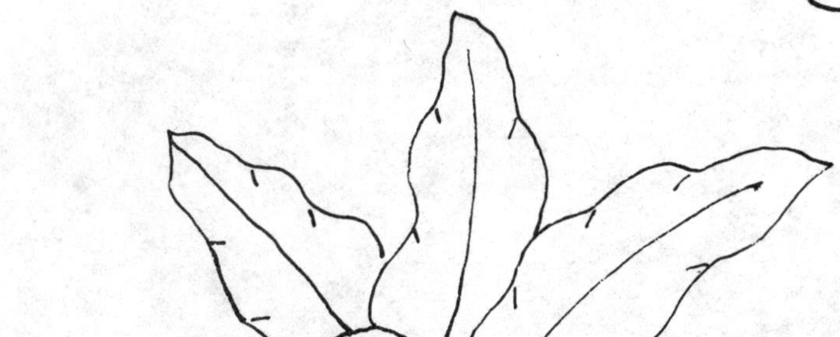

TEST PATTERN:

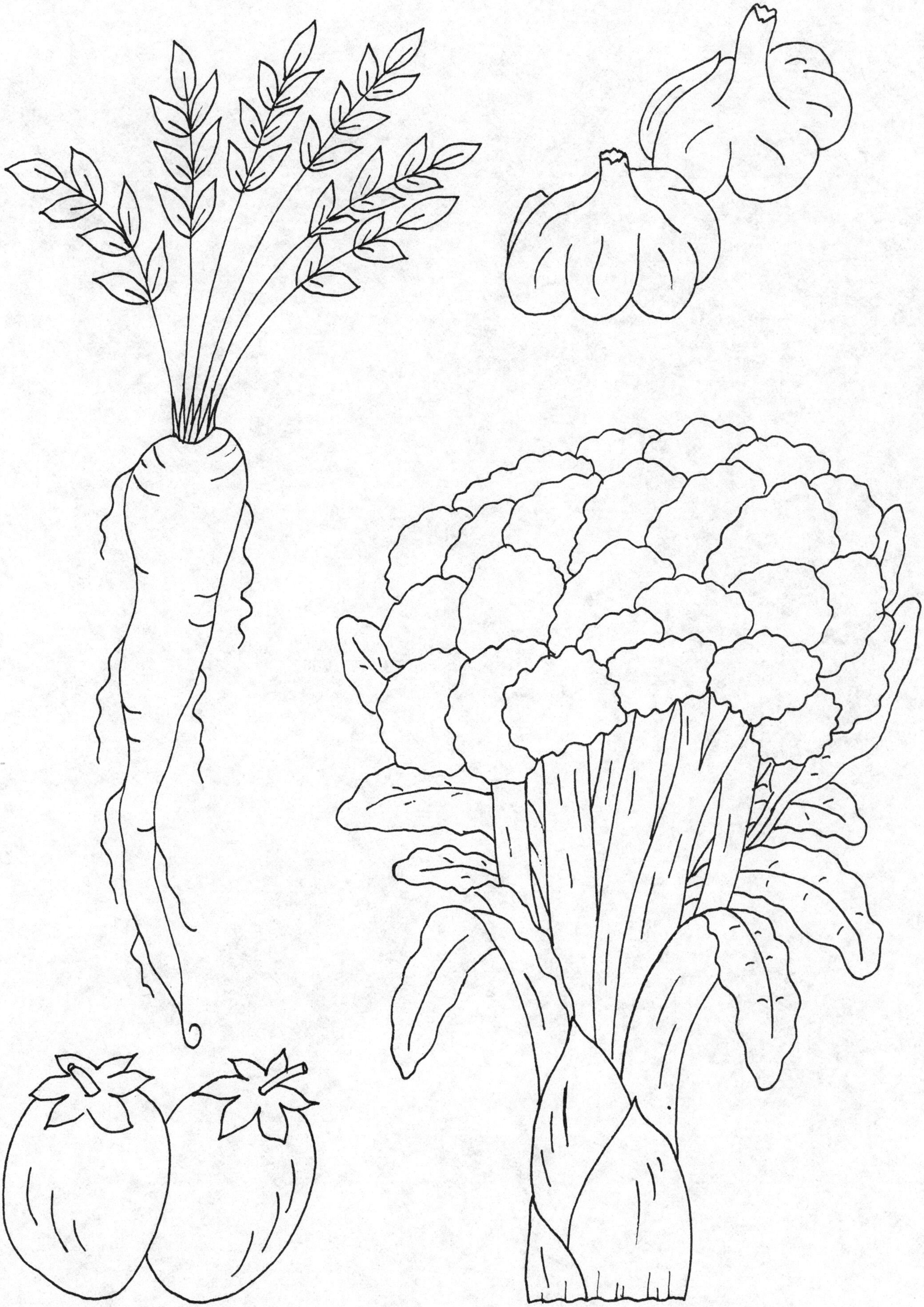

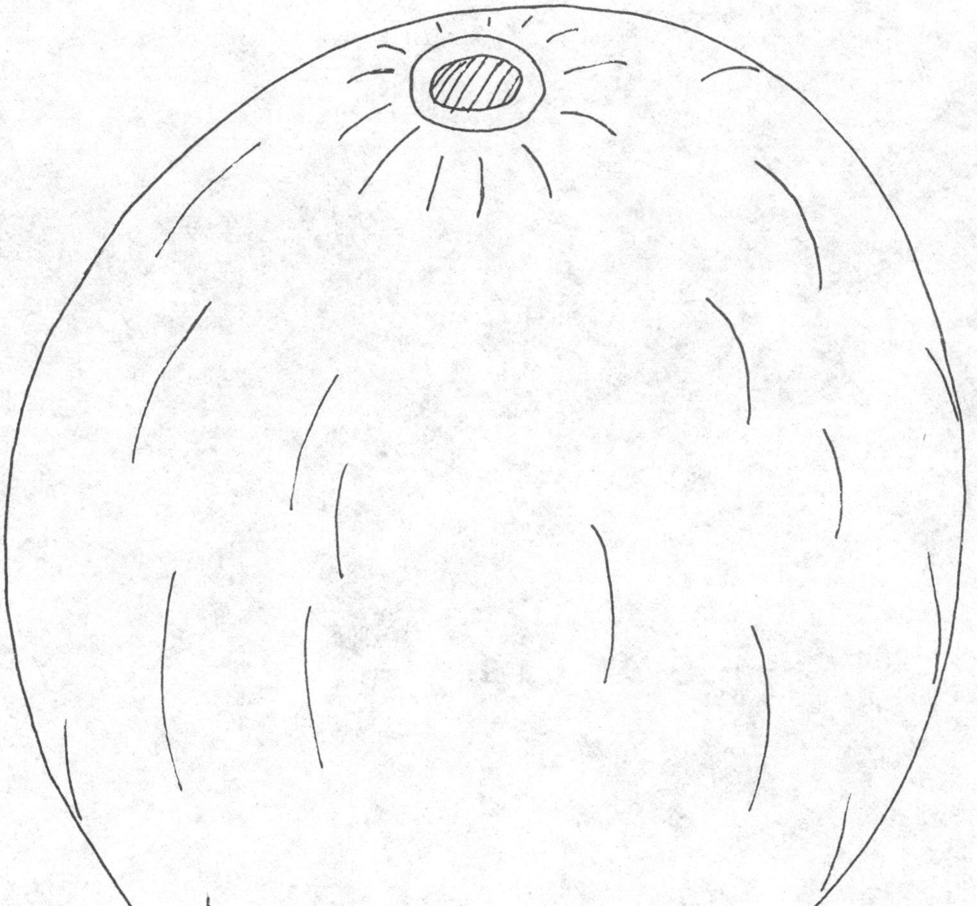

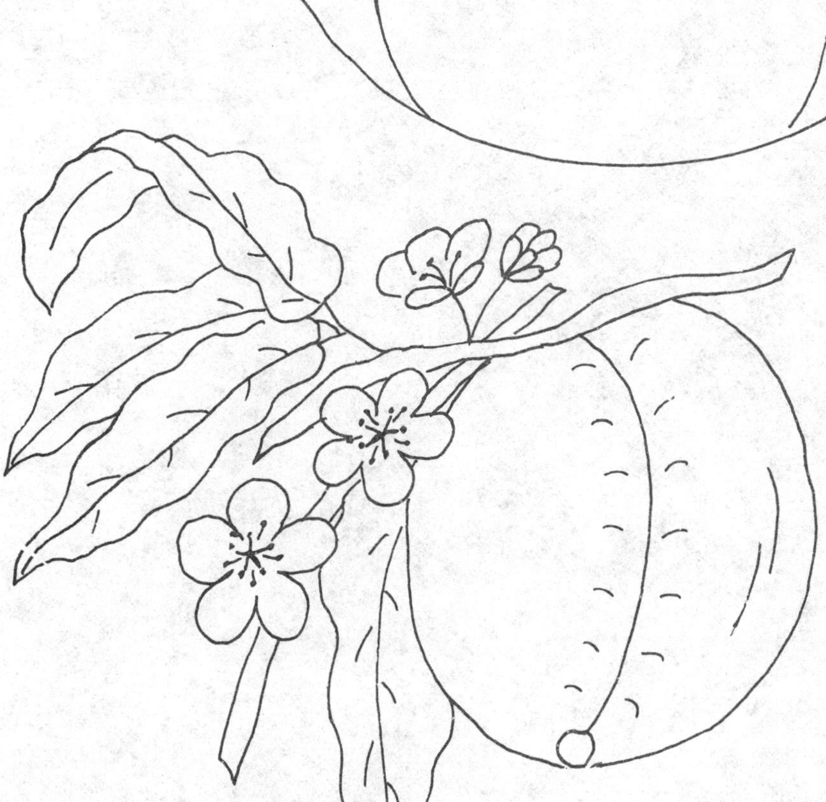

TEST PATTERN:

TEST PATTERN

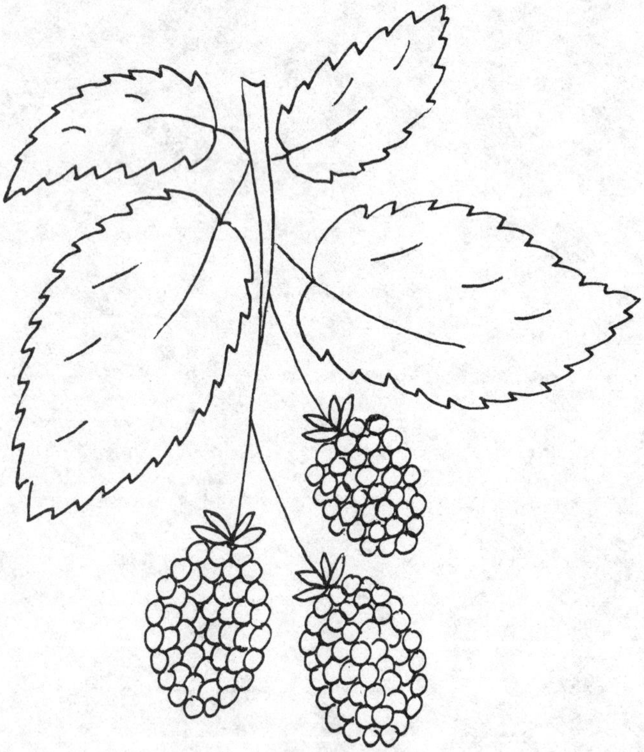

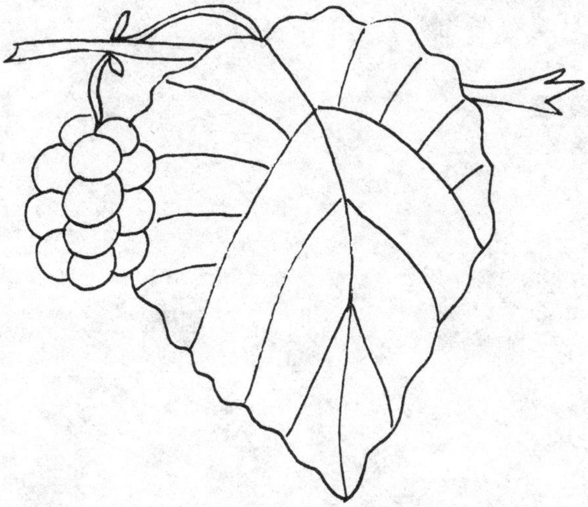

TEST PATTERN:

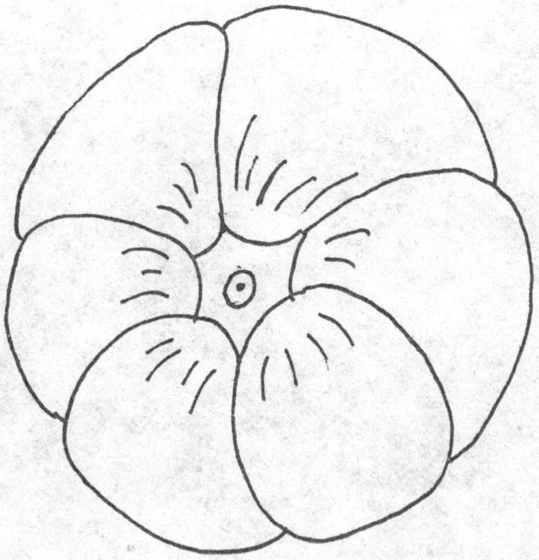
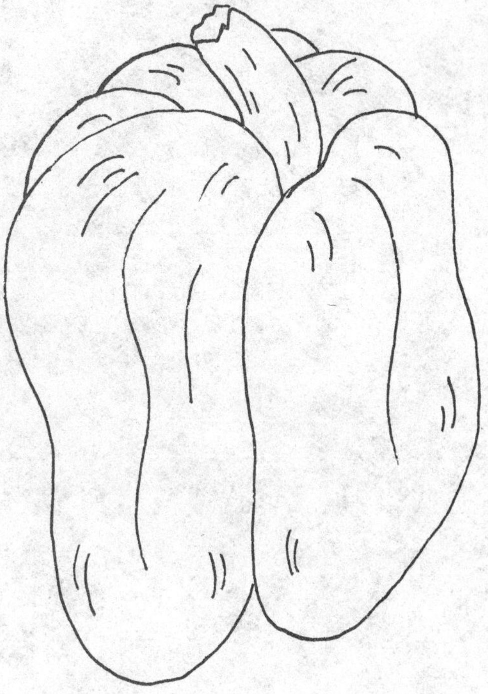

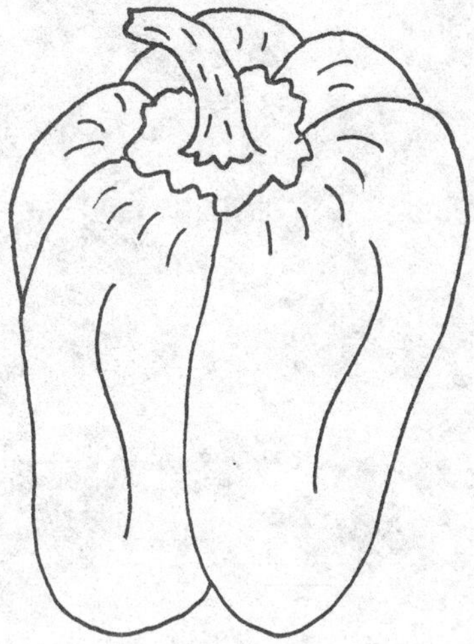
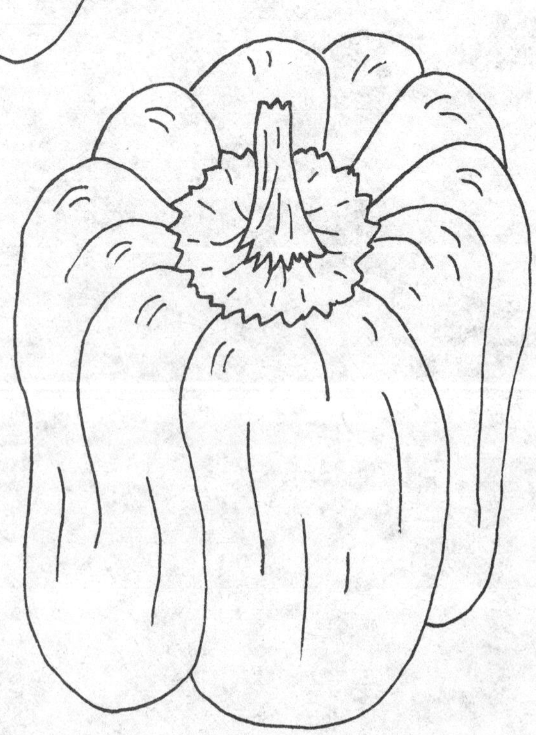

TEST PATTERN:

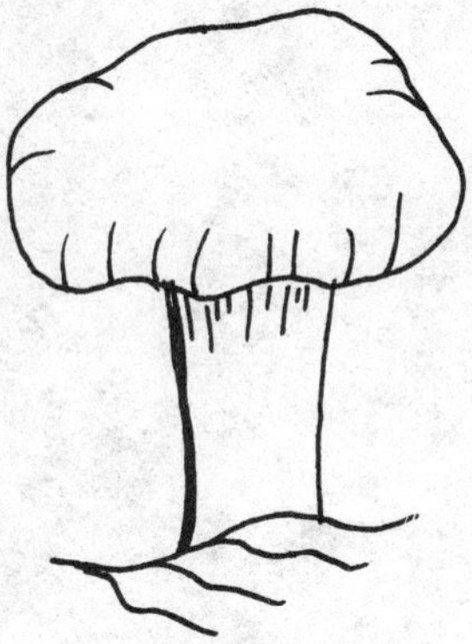

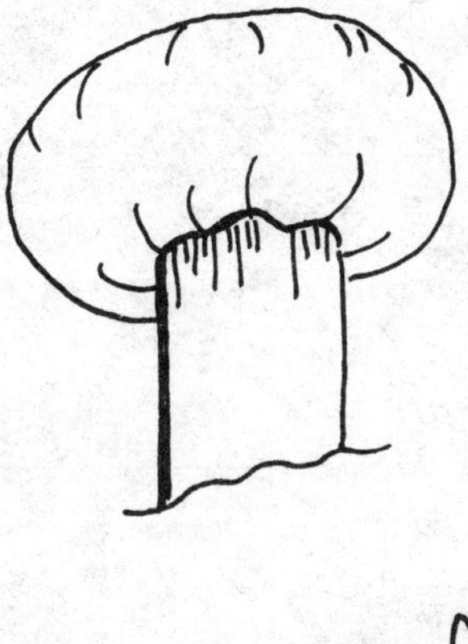

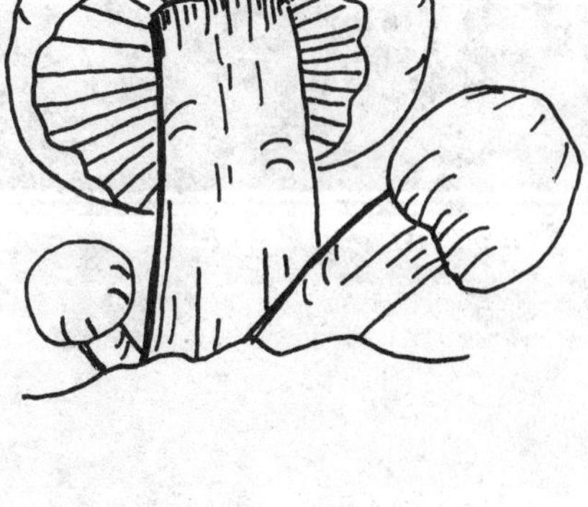

TEST PATTERN:

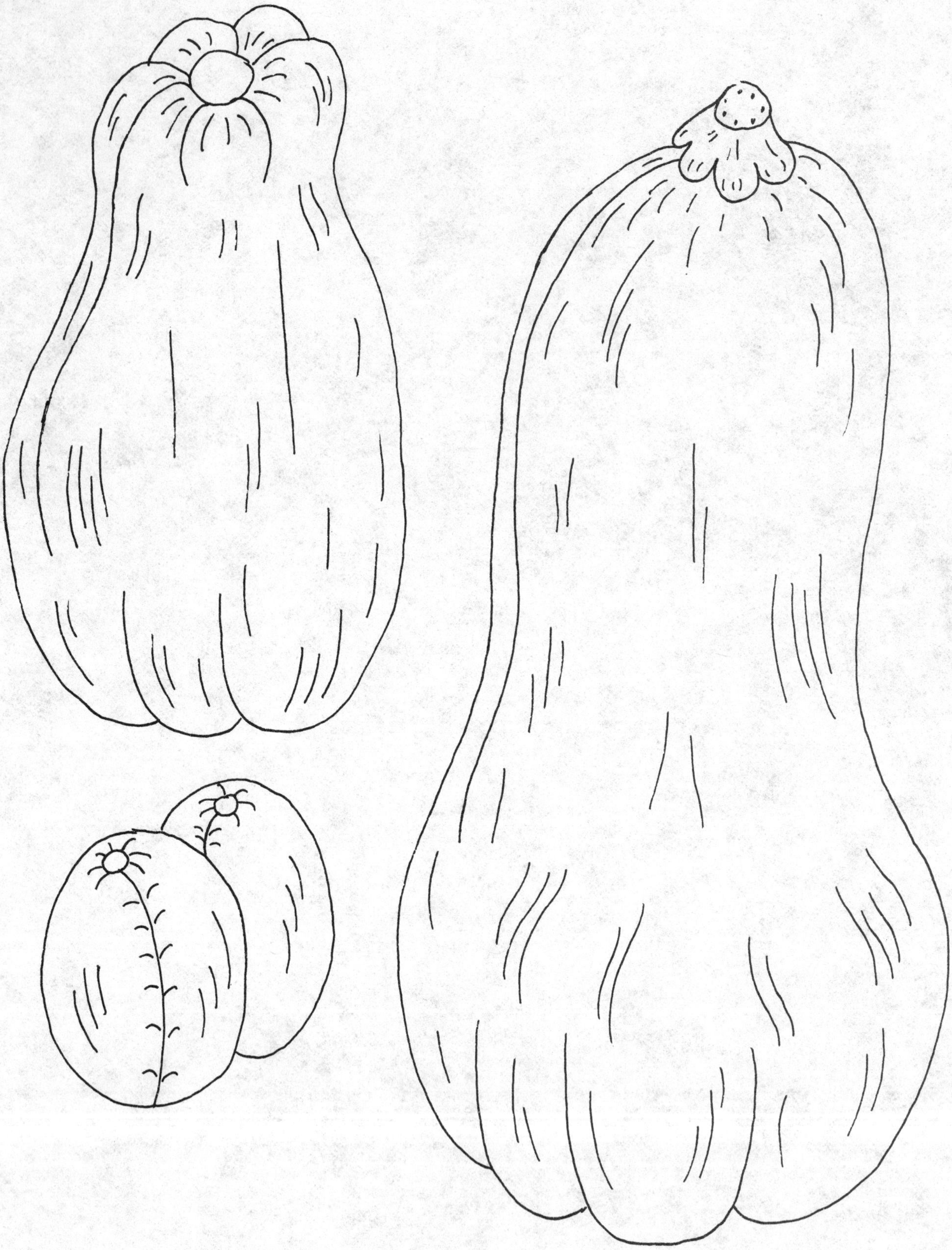

TEST PATTERN:

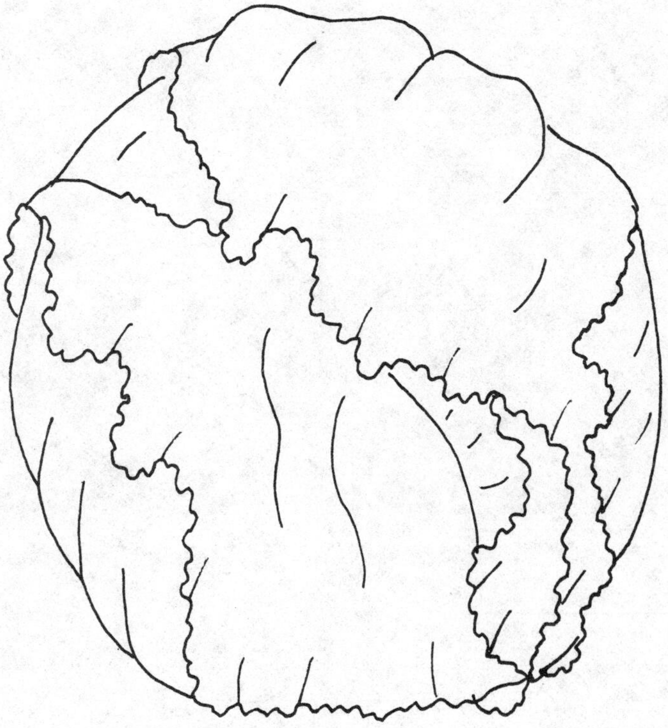

TEST PATTERN

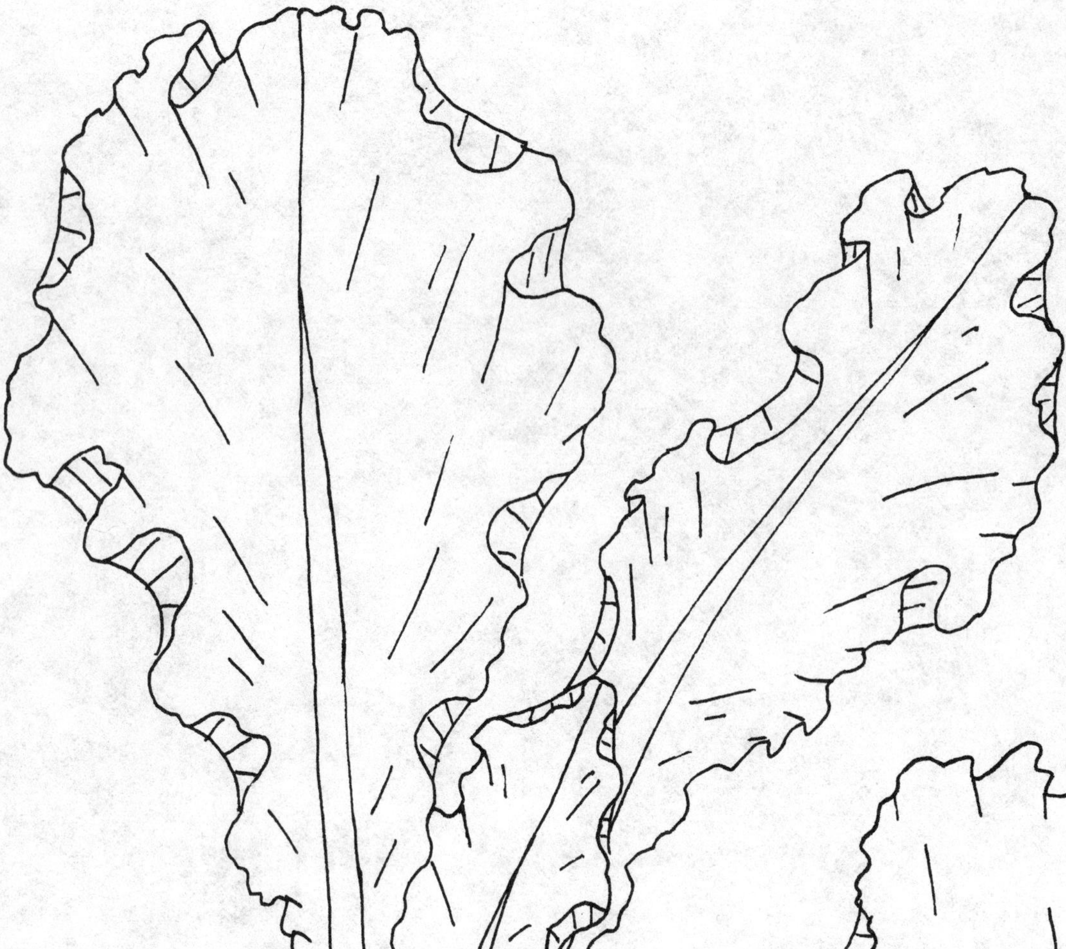

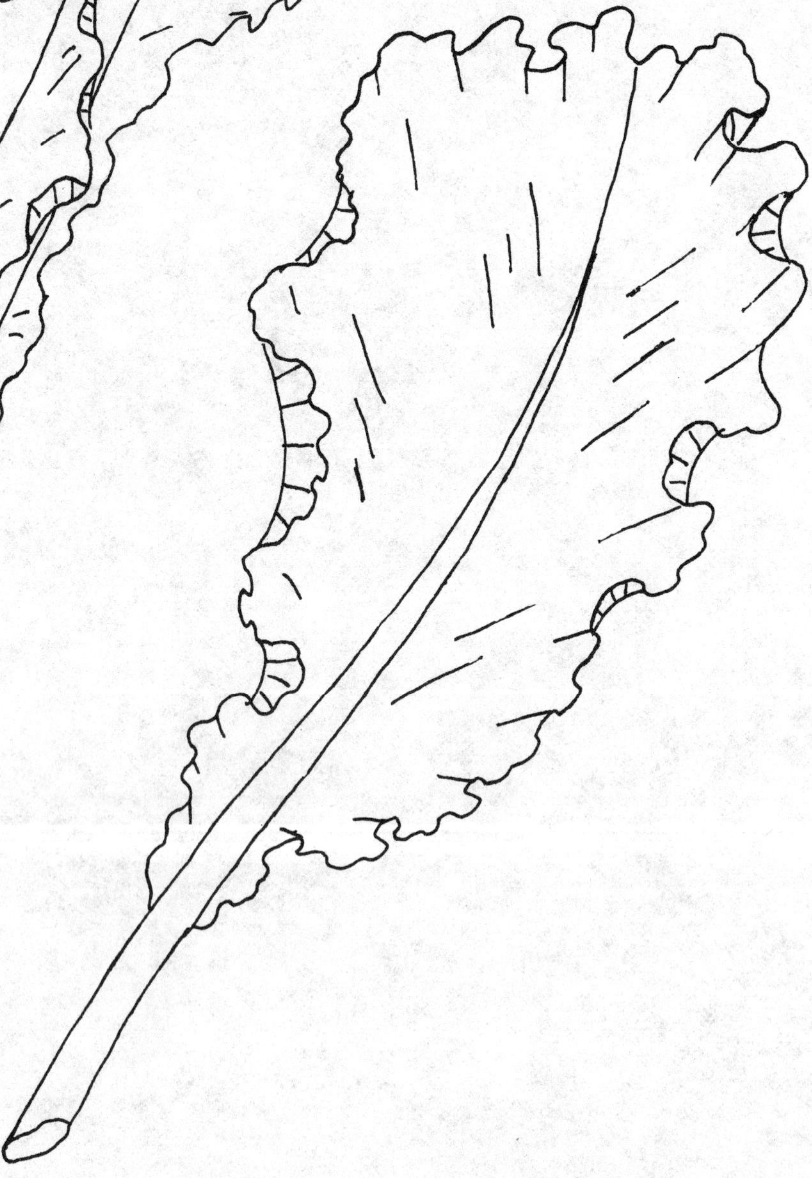

TEST PATTERN:

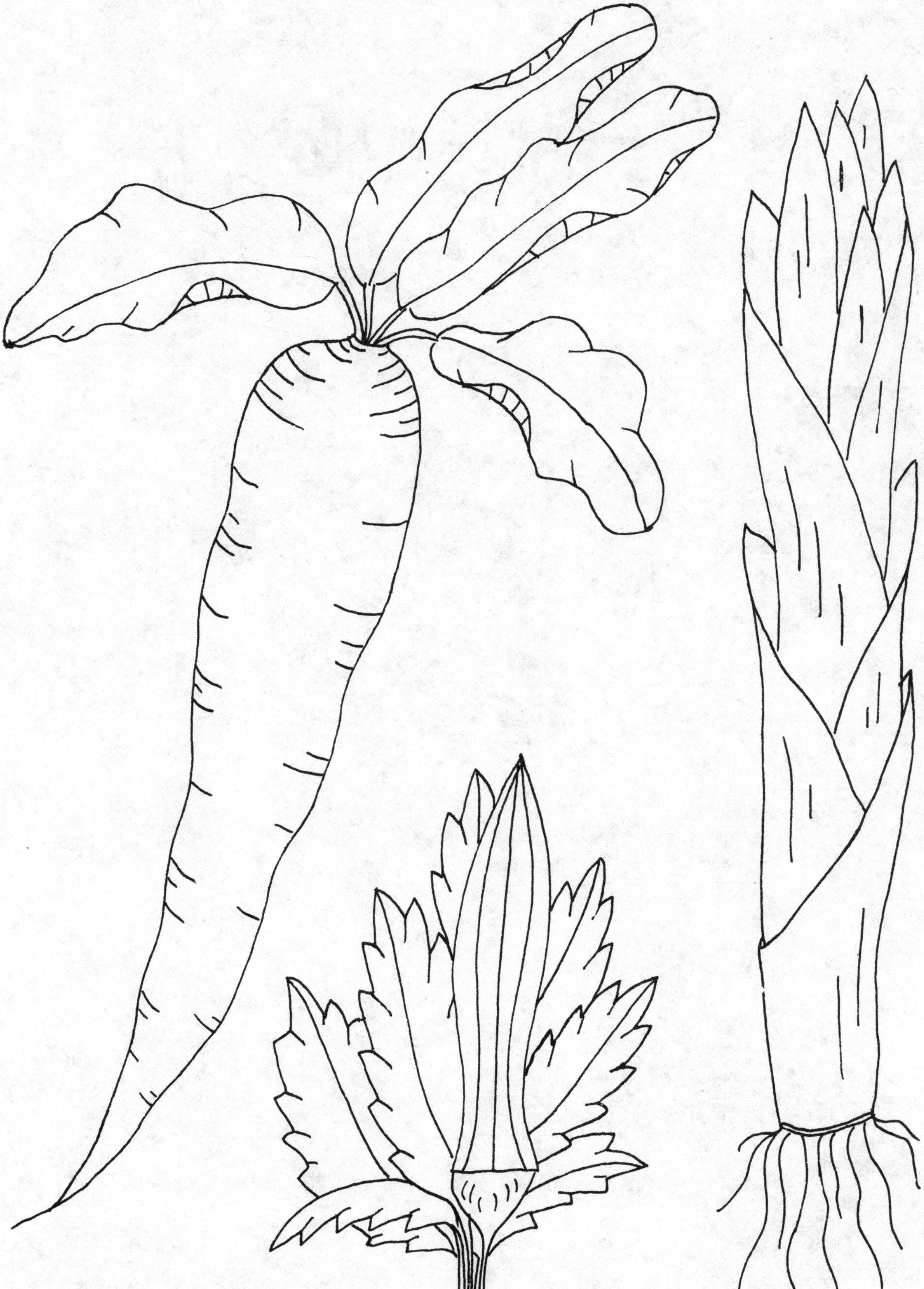

TEST PATTERN:

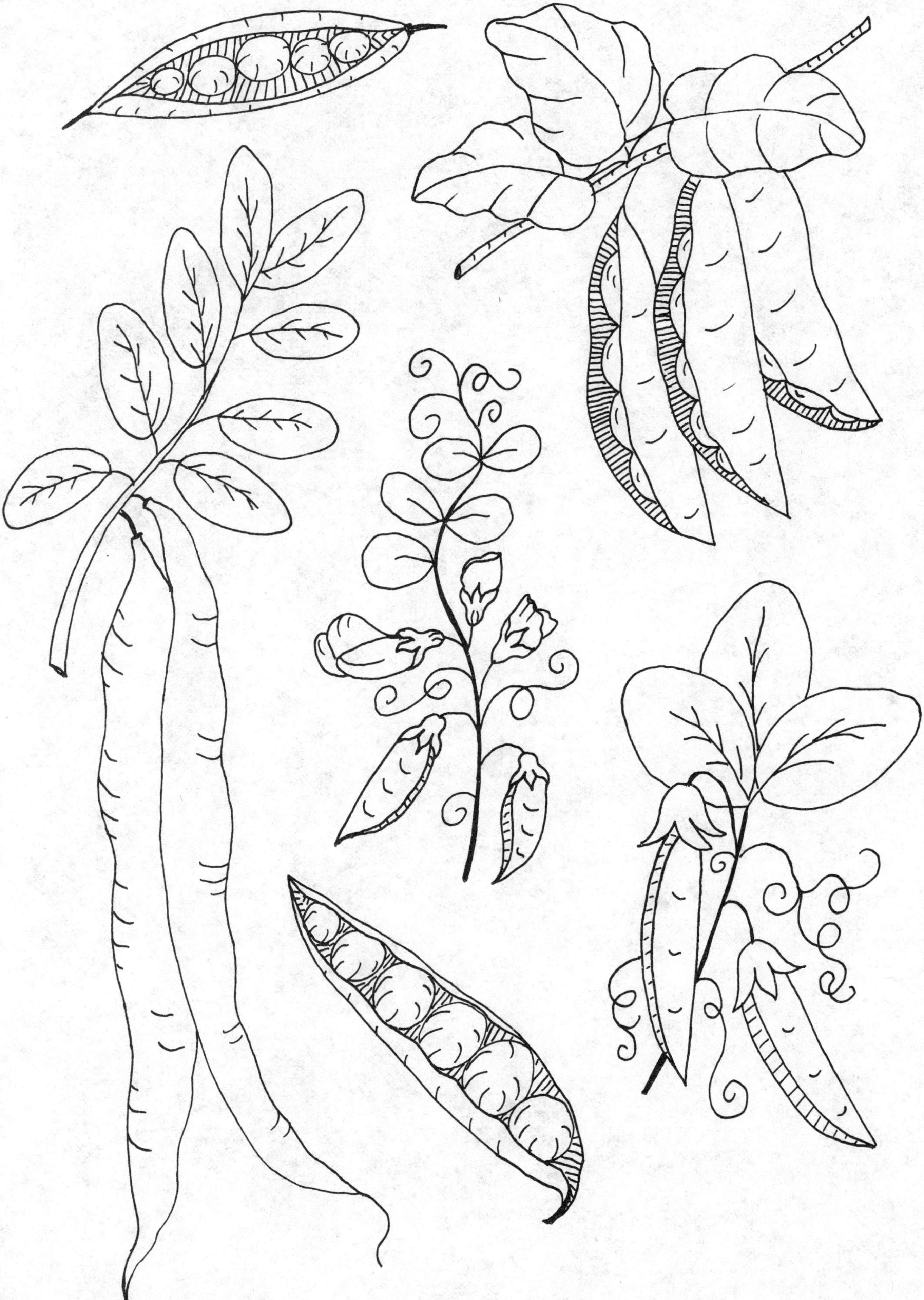

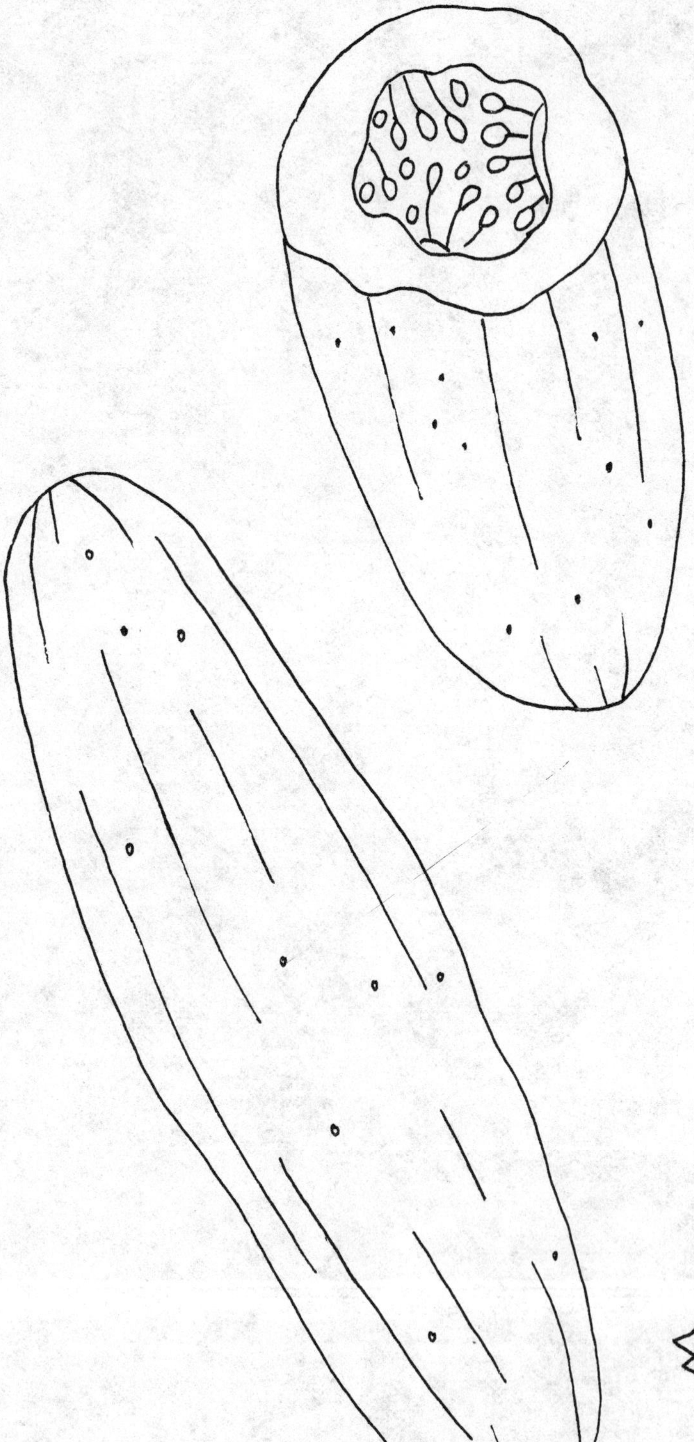

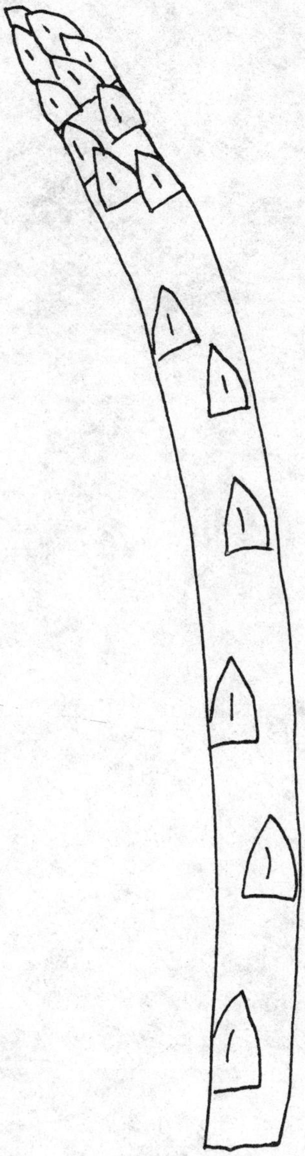

TEST PATTERN:

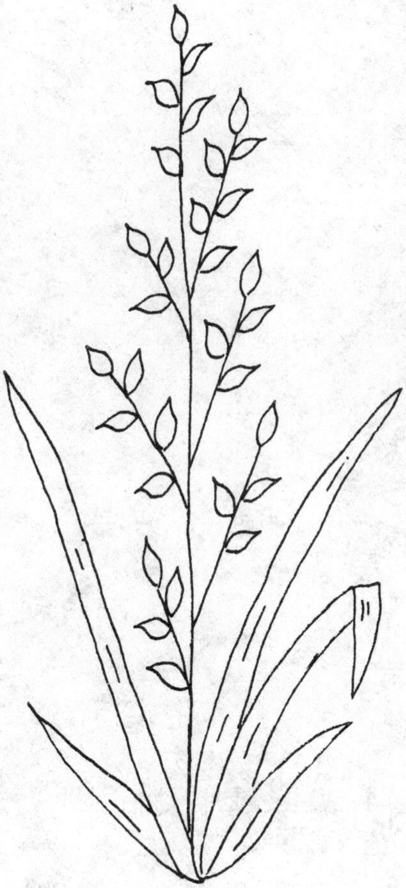
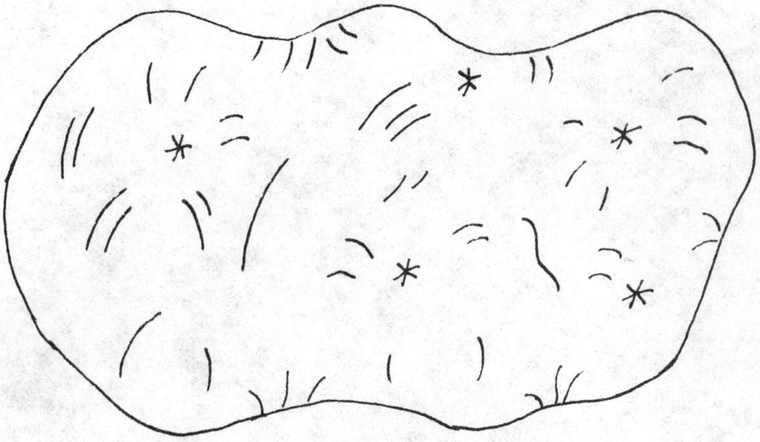

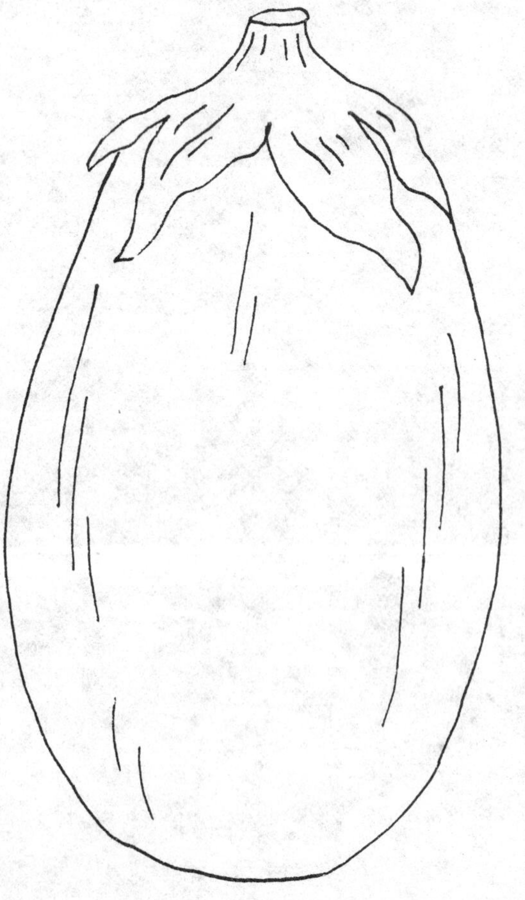